AF360317

PIERROT-FANTOME

Opéra comique en un acte

Paroles de MM. **E. Dubreuil** & **L**. Stapleaux

Musique de M. **L. Vercken**

(LIONEL)

Représenté pour la première fois à Paris, sur le Théâtre
Lyrique de l'Athénée, le 6 juin 1873.

DISTRIBUTION :

Carline	Mlle B.	MARIETTI.
Pierrot	MM.	VAUTIER.
Barnaba		GERAIZER.
Astolphe		LEFEBVRE.
Trincolo		LARY.
Bambolini		GALABERT.

La Partition est éditée par G. HARTMANN
boulevard de la Madeleine, Paris

OPINION DES JOURNAUX

OPINION DES JOURNAUX

I. — JOURNAL DES DÉBATS.

(18 juin 1873.)

Arrivons au *Pierrot-Fantôme*, de MM. Dubreuil et Stapleaux, mis
en musique par M. Lionel, pseudonyme sous lequel ne tient guère
à se cacher, surtout aujourd'hui que la plupart de nos confrères
ont levé le voile, un musicien très-distingué, né en Belgique, et
qui s'appelle M. Vercken. S'il est vrai, comme on me l'a assuré,
que Meyerbeer lui a donné des conseils, je conviens sans peine
qu'il en a profité. Dès les premières pages de la partition, on se
sent en présence d'un compositeur habile à manier l'orchestre,
bon harmoniste et, mieux encore, doué de certaines facultés qui
sont plutôt le fruit de l'imagination que celui d'un travail assidu.
Pierrot-Fantôme eût parfaitement tenu sa place à l'Opéra-Comique.
Et là, sur cette scène que le souvenir de Grétry et de Dalayrac ne
protége guère plus contre les tentatives de l'école moderne, on
n'eût peut-être pas adressé à la musique de M. Vercken le
reproche d'être de trop large envergure et trop savamment écrite.
Disons néammoins, mais sans que cela soit pris pour une critique
absolue, que, dans plus d'une situation fournie par le livret, le
compositeur a dépassé le but. Il y a tant de partitions qui pèchent
par le défaut contraire !

C'est encore dans cette mine inépuisable de la comédie italienne que les auteurs ont trouvé l'idée première de leur sujet ou
plutôt le caractère de leurs personnages principaux, car le sujet
est bien à eux.

Astolphe aime Carline, mais Astolphe n'est pas le gendre sou-
haité par le docteur Barnaba, plus apothicaire que docteur et
plus charlatan qu'apothicaire. C'est à Léandre, le fils du podestat,
qu'il destine la main de sa fille. Astolphe a beau prier et supplier,
Carline a beau verser toutes les larmes de ses jolis yeux, rien
ne peut attendrir l'inflexible docteur. Si bien que le bouillant
Astolphe, dans un mouvement de colère, lance la première fiole
qui lui tombe sous la main contre un vieux tableau accroché au
mur de la boutique et représentant sur un fond noir un superbe

Pierrot tout blanc. O merveille ! à l'instant Pierrot s'anime, pousse un long bâillement et descend de son cadre. L'élixir de vie contenu dans la fiole vient d'opérer miraculeusement. Pierrot ressuscité vivra jusqu'au prochain clair de lune. Et comme il veut mettre le temps à profit, il rassure d'abord Astolphe et Carline, et promet à celle-ci, par reconnaissance des bons soins qu'elle lui a donnés en l'époussetant chaque matin, de s'intéresser à ses amours. C'était son affaire et c'était sa grande joie, au temps où il était de ce monde, de protéger les amoureux et de berner les tuteurs. Le voilà donc à l'œuvre, avec toute la verve, avec toute la malice de ses jeunes ans. Et quand il a fini avec Barnaba, c'est Léandre qu'il prend à partie en attendant que le podestat lui-même ait son tour. Et il leur en dit de belles et de la belle façon ! Si bien que tout s'arrange, comme il l'avait promis, par le consentement du docteur au mariage de Colombine et d'Arlequin, c'est-à-dire d'Astolphe et de Carline. Puis, sa tâche étant terminée et la lune se levant à l'horizon, le pauvre Pierrot sent la vie lui échapper et reprend tristement sa place sur la toile du tableau.

Il eût été fâcheux que ce joli poëme échût à un médiocre musicien. Mais si les auteurs sont gens d'esprit, ils sont aussi trop au courant des choses de ce monde en général, et des choses du théâtre en particulier, pour se fier au caprice d'un directeur. Ils ont donc choisi leur musicien eux-mêmes, et quoique M. Vercken eût peu de notoriété, ils ont bien fait de le choisir. S'ils ne l'eussent point trouvé à Paris, ils auraient été le chercher en Belgique.

Donc il est sorti de cette collaboration une œuvre charmante et remarquable à plus d'un titre, que le théâtre de l'Athénée doit regretter d'avoir jouée si tard et qui même a été arrêtée inopinément à la troisième représentation par une indisposition de M. Vautier.

Le thème de la chanson populaire : *Au clair de la lune*, devait trouver sa place dans un ouvrage dont Pierrot est le héros. M. Vercken l'a traité en variations dans l'ouverture, puis, avec d'autres procédés et d'autres artifices, non moins heureusement employés, au moment du réveil de Pierrot. M. Vercken, connaissant à fond les ressources de l'harmonie et du contre-point, aime à s'en servir, et c'est assez naturel. Mais s'il ne plane pas toujours dans les hautes régions de la science, ce n'est pas pour faire au public de ces concessions vulgaires auxquelles tant de compositeurs, tout aussi savants que lui, ne savent pas résister. Son inspiration, facile ou empreinte d'une certaine recherche, est toujours distinguée. Et comme cela nous paraît suffire pour caractériser le talent de M. Vercken, nous n'avons plus qu'à citer, parmi les différents morceaux de sa partition, ceux qui ont le plus de valeur et qui ont été le mieux accueillis.

L'ouverture d'abord, page symphonique d'une excellente facture et parfaitement développée; puis les couplets de Léandre, écrits dans une forme rétrospective, et qu'on aurait mieux appréciés s'ils eussent été moins mal interprétés. Je préfère ces couplets à l'air de Pierrot, qui m'a semblé manquer un peu d'entrain et de gaieté. Et ici il n'y a pas de la faute de l'artiste, car M. Vautier est un excellent comédien et un chanteur fort habile. La scène qui suit la résurrection de Pierrot est écrite de main de maître ; le trio : *Voyez leur figure*, est rempli d'intéressants détails et savamment conduit d'un bout à l'autre ; le quatuor : *Je connais cette affaire* et la mort de Pierrot terminent magistralement cette œuvre qui, avec un peu plus d'équilibre entre la musique et le sujet, eût échappé à toute critique et conquis du même coup et à plus haute dose les suffrages des musiciens et la faveur du public.

E. REYER.

II. — LE NORD.

(19 juin 1873.)

Pierrot-Fantôme se détache en vigueur et en originalité dans le cadre de la nouvelle affiche. M. Vercken, qui nous vient de Belgique, est un musicien digne de ce nom, et le librettiste est un homme d'esprit qui sait le théâtre sur le bout du doigt. La fable imaginée par M. Ernest Dubreuil se meut dans ce gentil monde imaginaire de la comédie italienne mis en peinture par Watteau, quelquefois en musique par Grétry et Grisar, et que de nos jours Théophile Gautier et Banville avaient repris en particulière affection. Un peu de fantastique s'y entremêle, ce qui ne peut qu'ajouter de la vraisemblance aux œuvres de cette sorte.

Un beau Pierrot, tout blanc sur fond noir, pour plus de coquetterie, a été peint dans la boutique d'un apothicaire de Bergame. L'apothicaire Barnaba a une fille, la petite Carline, aimée et amoureuse d'Astolphe, lequel est rebuté du bonhomme. Dans un accès de désespoir il lui arrive de jeter en l'air une fiole qui s'en va se briser sur le panneau où depuis cent ans Pierrot est fixé en peinture. C'était un élixir de vie. Pierrot ressuscite, descend du cadre, et profite des quelques heures de furtive existence qui lui sont assurées par le philtre pour faire endiabler le père imbécile, le podestat et son sot fils Léandre, et pour marier Carline à son Astolphe.

L'imbroglio est conduit d'une main vive et experte; les vers ont jolie tournure à travers la musique et le dialogue, avec maintes trouvailles de mots heureux.

Citons au moins dans la partition l'air du soprano, les couplets de Léandre et le grand trio où Pierrot ressuscite, aux yeux stupéfaits de Carline et d'Astolphe; c'est une belle page, brillante et très-scénique. La scène d'ensemble du dénoûment a également bien inspiré le musicien avec ses incidents multiples, y compris le dernier, qui nous montre Pierrot regagnant son cadre et mourant en peinture.

La partition de M. Vercken est, je le répète, d'un vrai musicien, qui sait écrire pour l'orchestre et chez qui l'harmonie sait enrichir les dessous de la mélodie vocale et concerter de charmants dessins. S'il y a une observation à faire, c'est que les caractères traditionnels de Pierrot, de Léandre, de Carline, demandaient peut-être une touche plus légère, plus gaie, avec un moindre souci de science musicale et d'effets symphoniques; mais nous ne sommes pas fâchés pourtant de savoir du premier coup tout ce dont M. Vercken est capable.

Vautier, qui était à peu près irréprochable dans *Polichinelle*, est un moins bon Pierrot; mais, à tout prendre, il joue bien et chante d'une voix timbrée; Géraizer a posé avec intelligence le type de l'apothicaire, et Mlle Marietti est une Carline digne de meilleurs soupirants.

En somme, *Pierrot-Fantôme* a été monté avec un soin relatif qu'on n'espérait plus à ce moment tardif de la saison, mais c'était le moins qu'on pût faire pour l'œuvre très-littéraire et très-musicale de MM. Ernest Dubreuil et Vercken.

Gustave BERTRAND.

III. — LA LIBERTÉ.

(9 juin 1873.)

Pierrot-Fantôme mérite d'être discuté sérieusement.

Le *libretto* de cet ouvrage est de deux de nos confrères, MM. Dubreuil et Stapleaux. Le point de départ de l'idée en est ingénieuse, et offre une succession d'épisodes variés, très-propres à inspirer un compositeur.

Le docteur Barnaba, sorte de magicien habile dans l'art de composer des philtres, a une fille, la gentille Carline, dont il a soin d'écarter les amoureux. La pauvrette, qui adore Astolphe, n'a d'autre confident que le portrait de Pierrot, qui orne le laboratoire de son père.

Mais voici que le neveu du podestat, un jeune étourneau du nom de Trincolo, vient demander au savant Barnaba de lui confectionner un philtre, qui puisse donner, pendant deux ou trois jours, un sommeil léthargique semblable à la mort. Le docteur refuse d'abord; mais Trincolo insiste, lui disant qu'il s'agit d'un de ses amis, qui veut épouser sa maîtresse, et voir, avant de l'épouser, si elle pleurerait suffisamment sa mort; d'ailleurs cet ami est riche, et il a chargé Trincolo de donner cent sequins pour calmer les scrupules du docteur.

Ce dernier finit par accepter; il dit à Trincolo de revenir dans une heure, puis, se couvrant le visage du masque de verre qui doit le préserver des émanations délétères des plantes qu'il emploie, il commence à préparer son breuvage enchanté. Il n'a plus, pour compléter son œuvre, qu'à prononcer les paroles magiques, lorsque son domestique entre brusquement lui annoncer qu'un malade important a besoin de son ministère. Le docteur, surpris dans sa besogne, a retiré son masque, qu'il oublie de remettre; bientôt l'action des herbes somnifères se fait sentir, ses paupières s'alourdissent, il veut lutter, c'est en vain; dans un suprême effort, il parvient cependant à ouvrir la fenêtre, mais trop tard, car il tombe épuisé sur un fauteuil où il s'assoupit complétement.

Astolphe, qui rôdait dans la rue, attendant que Carline lui donnât le signal de venir, en ouvrant la fenêtre, accourt et paraît fort surpris de se trouver en présence de Barnaba, profondément endormi. Astolphe pousse doucement son fauteuil dans le cabinet voisin et appelle Carline, qui lui apprend que son père ne permettra jamais leur union; Astolphe, dans un mouvement de colère, saisit une fiole qui se trouve sous sa main, et la lance violemment contre le mur; elle se brise sur le portrait de Pierrot. O surprise ! La pâle figure s'anime. l'œil brille, la bouche sourit, une jambe sort du cadre, l'autre suit, et Pierrot, en chair et en os, vient saluer son libérateur. Le docteur n'ayant pu prononcer les paroles magiques, le philtre, qui devait procurer le sommeil, a maintenant la propriété contraire, celle de réveiller et de donner la vie; c'est la bouteille qui le contenait qu'Astolphe a brisée sur le portrait.

Pierrot ne sera pas ingrat envers celui qui l'a rappelé à la vie; il lui promet d'aider ses amours, et de lui faire épouser celle qu'il aime avant la fin de la journée. Le pauvre ressuscité ne doit, en effet, vivre que quelques heures, et rentrer dans son cadre dès que l'effet du philtre aura perdu sa puissance.

Là-dessus, Trincolo revient chercher la potion qu'il destine, non pas à un ami voulant éprouver l'amour de sa maîtresse, mais à son oncle le podestat, pour emprunter, sur sa mort apparente, une forte somme dont il a besoin. Pierrot se présente à Trincolo comme le nouveau domestique du docteur, il reçoit les cent sequins, et lui remet en échange un breuvage qui procure à ceux qui le boivent un rire inextinguible, que les événements les plus tragiques ne peuvent calmer.

Barnaba se réveille enfin. Pierrot lui raconte qu'il a donné à Trincolo une bouteille prise au hasard dans l'armoire où le docteur cache ses poisons les plus violents; effroi de celui-ci, qui va se jeter aux pieds du podestat, justement au moment où il vient de boire la fatale liqueur. « Vous serez pendu, dit en éclatant de rire le podestat, et puisque je dois mourir, je vais faire mon testament. » C'est Pierrot qui le rédige, il oblige Barnaba à marier Carline avec Astolphe.

Le docteur, heureux de s'en tirer à si bon marché, se jette aux pieds du podestat, à qui une boisson calmante rend peu à peu le sérieux, et Pierrot, dont la mission est terminée, rentre tristement dans son cadre, en jetant un dernier adieu à ceux dont il a assuré le bonheur.

Sauf quelques longueurs, qui disparaîtront sans doute aux prochaines représentations, la pièce de MM. Dubreuil et Stapleaux est bien faite et a très-heureusement inspiré le musicien, M. Lionel.

Ce nouveau venu au théâtre possède des qualités mélodiques et scéniques excellentes; la clarté n'exclut pas chez lui les combinaisons ingénieuses. Le seul reproche que nous pourrions faire à sa partition, c'est d'être un peu lourdement instrumentée.

Parmi les morceaux qui nous ont le plus charmé, citons :

L'ouverture, qui, au début, rappelle un peu trop la marche des nonnes de *Robert le Diable;* mais dont l'*allegro,* où le compositeur a développé très-habilement le thème du *Clair de la lune,* est fort intéressant;

L'air d'entrée de Carline, d'une forme très-nette et d'un accent très-juste;

Le *duo* d'Astolphe et de Carline, très-chaleureux et très-mouvementé, qui s'enchaîne au *trio* avec Pierrot, est le morceau le plus remarquable de la partition. Les voix y sont habilement disposées, et la sonorité en est parfaite. Le compositeur abuse toutefois du *Clair de la lune,* et atténue son premier effet en insistant trop sur les développements de cet air populaire.

Il y a encore les couplets charmants : « Ce n'est pas un sot, que M. Pierrot », et enfin le quintette final, traité avec la verve et le talent qui ne se sont pas démentis pendant le courant de l'ouvrage.

M. Vautier est décidément un excellent artiste. Il a confirmé dans Pierrot la bonne opinion que nous avait fait concevoir sa dernière création de Polichinelle. Mais, soit dit en passant, nous avons été étonné que M. Lionel ait fait de Pierrot un baryton.

M. Lefebvre est un agréable amoureux; sa voix a le timbre sympathique qui convient à un ténor d'opéra comique. Il a encore beaucoup à apprendre sous le rapport du jeu.

M. Géraizer donne une bonne physionomie au personnage du docteur. M. Lary, sous son habit gorge de pigeon, est un Trincolo fort amusant, et M. Galabert s'est très-bien tiré du petit rôle du podestat.

Mlle Marietti est charmante sous les traits de Carline ; sa beauté résiste aux affreux costumes que lui impose la direction. Il y a quelque temps, nous l'avons vue avec le couvercle d'une boîte à bonbons sur la tête, hier la moitié d'un ballon rouge, en soie gommée, lui servait de tunique. En grâce, M. Ruelle, prenez plus soin d'une de vos plus jolies et de vos meilleures pensionnaires.

VICTORIN JONCIÈRES.

IV. — LE FIGARO.

(15 juin 1873.)

Pierrot-Fantôme est l'œuvre d'un musicien familiarisé avec son art. On m'assure pourtant que l'auteur de la partition, se cachant modestement sous le pseudonyme de Lionel, est un amateur, un homme du monde qui donne à la musique les heures du loisir. Voilà des loisirs bien employés ! Presque tous les morceaux de ce joli opéra ont des qualités de facture et sont écrits dans le sentiment de la situation. L'ouverture est un *contre-point* extrêmement piquant sur le motif populaire : *Au clair de la lune*. Mais la page vraiment remarquable de l'ouvrage, c'est le grand trio de la résurrection de Pierrot, pour soprano, ténor et basse. Ce trio abonde en effets dramatiques d'une belle sonorité vocale et orchestrale. M. Vautier, qui joue avec intelligence et vivacité le rôle de Pierrot, possède une excellente voix de basse, un peu dure peutêtre, mais d'un timbre franc et solidement forgé. Mademoiselle Marietti, MM. Géraizer, Lefebvre, Lary et Galabert concourent à une bonne exécution d'ensemble de cette amusante *pantalonnade* dans l'ancien goût italien.

JOUVIN.

V. — PARIS-JOURNAL.

(10 juin 1873.)

C'est aussi un homme du monde, un ingénieur, croyons-nous, attaché à une de nos grandes entreprises industrielles, qui a écrit la musique de *Pierrot-Fantôme*. Mais M. Lionel (puisqu'il ne faut pas l'appeler par son nom) est un autre musicien que celui et celle qui ont commis la *Saint-Nicolas* et *Jaloux de soi*. Il est peutêtre même trop musicien, car si la critique a quelque chose à lui reprocher, c'est une abondance et aussi une ampleur parfois excessives. Il ne sait pas encore être simple et force parfois un peu sa voix, quand il suffirait de murmurer. Il est dramatique aux endroits où la gaieté et la bonne humeur seraient de mise.

Mais à part ces défauts, qui lui sont communs avec tous les

compositeurs qui abordent la scène pour la première fois, M. Lionel possède de très-réelles qualités. Sa mélodie est franche, claire, bien développée; elle a une distinction naturelle et ne tombe jamais dans la banalité, et encore moins dans la trivialité. Elle est parfaitement écrite pour les voix, à qui elle ne demande que juste ce qu'elles doivent donner. L'orchestration est sobre et sans prétention.

Quant au poëme de M. Dubreuil, quand nous aurons dit qu'il nous a semblé un peu long, surtout dans l'exposition, qui fait trop attendre l'action et l'intrigue, nous n'aurons plus guère que des éloges à en faire. Le sujet, quoique touchant au fantastique, est gai et tout à fait scénique. Les détails sont amusants et le dénouement heureux. On sent que le librettiste est un musicien lui-même, et qu'il sait ce qu'il convient d'offrir au compositeur pour lui rendre l'inspiration facile et la verve abondante.

L'exécution de *Pierrot-Fantôme* est bonne. Mlle Marietti est une très-agréable femme et une chanteuse non moins agréable. M. Vautier a été gâté par son succès de *Polichinelle*. Il devient bruyant, tonnant, grouillant, agaçant, et gâte d'excellentes qualités naturelles en voulant être seul entendu, seul applaudi. Son rôle de Pierrot était charmant, s'il l'avait voulu jouer simplement, gaiement, à la Mocker, au lieu de l'enfler à la Got. M. Géraizer a été presque comique; c'est un grand progrès accompli par cet artiste.

F.

VI. — LE GAULOIS.

(10 juin 1873.)

Pierrot-Fantôme, de MM. Ernest Dubreuil et Léopold Stapleaux, est un ouvrage beaucoup plus important. Le livret a réussi sans conteste. La musique de M. Lionel — un nouveau venu — a fait un vif plaisir, nuancé, je l'avouerai, d'un peu d'étonnement. On ne s'attendait pas à trouver dans un débutant une facture si solide, une telle habileté de main, une entente si réelle de la scène.

Pour l'instrumentation, elle dénote les études les plus sérieuses, et le travail de l'orchestre, quoique très-soigné, ne couvre jamais le développement de l'idée mélodique, toujours franche et de bon aloi.

Trois morceaux de cette partition très-chargée m'ont paru vraiment dignes d'éloges sans restriction : un trio, un terzetto et le finale dont on ne remarque pas la longueur, tant il est bien conduit et bien en scène.

C'est un grand succès pour M. Lionel et qui doit l'encourager.

L'interprétation de *Pierrot-Fantôme* est excellente, et les auteurs ne sauraient trop remercier MM. Géraizer, chanteur et comédien de la bonne école; Lefebvre, Lary et Galabert. M. Vautier a joué et chanté Pierrot en artiste de premier ordre.

FRANÇOIS OSWALD.

VII. — LE MÉNESTREL.

(15 juin 1873.)

Nous voulons insister davantage sur *Pierrot-Fantôme,* un ouvrage assurément distingué, qui ne ferait pas mauvaise figure à l'Opéra-Comique.

Astolphe aime Carline, la fille du docteur Barnaba; mais celui-ci contrarie leurs amours par l'éternelle raison que l'amoureux n'a pas un sol vaillant; il préférerait de beaucoup pour gendre le ridicule Léandre, le fils du podestat. Tout va mal pour les deux amants quand Astolphe, dans un moment de rage, lance une des fioles du docteur contre un vieux tableau accroché au mur depuis bien des années et qui représente un Pierrot tout enfariné. Cette fiole se trouve contenir l'élixir de vie, et voilà Pierrot qui descend de son cadre, marche et respire comme autrefois Galathée, la statue de Pygmalion. Il rassure Carline et Astolphe un peu effrayés, il a vu leurs amours du haut de son cadre, sans pouvoir bouger, hélas! mais aujourd'hui qu'il a quelques heures de vie devant lui, il veut les protéger et se charge d'arranger toutes choses. En effet, en quelques tours de main, il a bafoué Barnaba, le jeune Léandre, même le podestat, et procédé au mariage de ceux qui s'aiment. Puis, l'élixir ayant terminé son effet, il sent la vie lui échapper et tristement va reprendre sa place au milieu du cadre.

Sur cette donnée orginale et spirituellement traitée par MM. Dubreuil et Stapleaux, M. Lionel (lisez Vercken) a composé une musique qui n'est pas celle d'un amateur. Il y a là un talent très-réel et très-sérieux, une grande conscience et le travail d'un homme qui a horreur de la banalité. Le reproche général qu'on peut adresser à M. Vercken, c'est d'avoir trop enflé ses pipeaux pour chanter les amours de Carline et d'Astolphe protégés par Pierrot. C'était le cas où jamais d'écrire une partition vive et alerte. Le compositeur a voulu prouver qu'il pouvait faire mieux, et il y a réussi parfois, mais aux dépens de l'œuvre dans son ensemble. Sachons mettre toute chose à sa place. Parmi les bonnes pages de l'ouvrage, il faut citer l'ouverture, qui contient quelques variations heureuses sur l'air classique : *Au clair de la lune*, puis les couplets de Léandre, malheureusement mal chantés par Lary, le réveil de Pierrot, page non sans valeur, les couplets du même, coupés avec esprit, un remarquable trio, le quatuor final et la mort de Pierrot. En voilà plus qu'il n'en faudrait pour assurer le succès d'un acte, si cette excellente musique était appropriée au sujet qu'il s'agissait de traiter. En résumé, la partition de M. Vercken est assurément intéressante, mais elle n'est pas gaie ; était-ce le but que se proposaient les auteurs du libretto ?

Vautier rend le personnage de Pierrot avec son exubérance ordinaire ; ce sera un artiste précieux quand il saura modérer ses effets. Il est bien secondé par la jolie Mlle Marietti et par MM. Géraizer et Galabert.

A. MORENO.

VIII. — REVUE & GAZETTE MUSICALE.

(8 juin 1873.)

Pierrot-Fantôme est une œuvre d'un autre ordre ; la fable en est jolie et ingénieuse, sans cependant sortir du cadre de la comédie italienne, dans laquelle se meuvent Pierrot, Colombine, Cassandre et Arlequin, et elle touche presque au fantastique. Depuis cent ans et plus, un superbe Pierrot, peint dans la pharmacie du docteur Barnaba, dessine, sur un fond noir, son profil enfariné. Rien de ce qui s'est passé dans la maison du vieil empoisonneur n'a échappé à son œil malin. Il a vu la pauvre Carline, la fille de Barnaba, déplorer les rigueurs de son père ; il a entendu toutes les plaintes de la jeune fille dont il est le protégé, il a vu Astolphe venir conter fleurette à Carline, il a vu le fat Léandre, fils du podestat, promener ses grâces prétentieuses et ses airs importants ; il a tout vu, le pauvre Pierrot, et maintes fois il s'est rappelé le temps où il savait si bien jouer Cassandre, et marier Arlequin à Colombine. Mais que faire ? Il est là, immobile, sans voix, toujours collé sur son fond noir, raide comme un soldat au port d'armes. Tout à coup, Astolphe, dans sa fureur contre les rigueurs de Barnaba, brise une fiole sur le tableau où Pierrot est pendu depuis si longtemps. Cette fiole est un élixir de vie. *Per Bacco !* Mons Pierrot n'en attendait pas tant pour descendre de son cadre; la mort lui a donné *campo* juqu'au prochain clair de lune, il saura bien profiter de la permission. Mais, vous le savez tous, Pierrot est bon diable, et il a l'âme reconnaissante. Il se promet d'employer le peu de vie qui lui est rendu à récompenser Carline de l'avoir épousseté avec tant de soin, de l'avoir regardé avec tant de complaisance, et lorsque vient l'heure de rentrer dans son cadre, Pierrot, qui n'a pas perdu son temps, a bafoué le vieillard, berné le podestat (un peu seulement par habitude), turlupiné le jeune fat et marié Astolphe et Carline.

Toute cette petite intrigue est aimablement menée, il y a des mots heureux et des vers fort bien tournés.

Le compositeur, M. Vercken, en est je crois, à sa première œuvre, du moins sous le pseudonyme qu'il a adopté; mais c'est un musicien avec lequel il faut compter. Sa musique est ferme, sonore, et surtout très-bien écrite pour l'orchestre. Il ne s'est pas cru autorisé par le titre d'opéra comique à improviser des couplets sans couleur et sans style; tout est soigné dans sa partition. Il faut même le dire, sa musique est quelquefois trop grosse pour le sujet, qui ne comporte pas de grands développements symphoniques et elle manque un peu de gaieté nécessaire au rôle de Pierrot. Mais toute cette partition est claire, mélodique, sans banalité aucune, et le seul reproche que nous puissions lui adresser, c'est d'être d'un style trop élevé et trop puissant pour le théâtre et le genre auxquels elle était destinée.

L'ouverture est développée sur le thème du *Clair de la lune*, très-bien traité, et sur la phrase du réveil de Pierrot. C'est une excellente page symphonique qui contient des détails charmants. Après deux airs bien faits pour le soprano et la basse, citons de très-jolis couplets de Léandre, écrits avec soin dans une forme archaïque et malheureusement mal chantés par Lary. Notons encore un excellent trio : « Voyez leur figure », entre Pierrot, Astolphe et Carline, trio très-bien composé et remarquablement conduit. L'air bouffe de Pierrot est habilement fait et spirituel, mais il manque de franche gaieté. Enfin la partition se termine par une longue scène dans laquelle nous avons à relever de nombreux passages,

comme le début du quatuor : « Je connais cette affaire ; » l'ensemble :
« C'est l'élixir de vie, » phrase large et bien venue, et la mort de
Pierrot, page difficile dont l'auteur s'est tiré à son honneur.

La pièce est jouée avec soin par Mlle Marietti, MM. Vautier,
Géraizer, Lary et Galabert. Mlle Marietti a une jolie voix et elle
chante agréablement ; Géraizer est amusant. Quant à Vautier, il
ne s'est pas incarné dans le personnage de Pierrot, comme il
l'avait fait pour celui de Polichinelle, avec une étonnante vérité
de gestes, de regards et d'accent, mais il joue très-bien et sa voix
timbrée est d'un excellent effet.

LAVOIX fils.

IX. — LE SOIR.

(10 juin 1873.)

Pierrot-Fantôme a pour auteurs MM. Ernest Dubreuil et Stapleaux
quant aux paroles, M. Lionel quant à la musique. Au double point
de vue du poëme et de la partition, *Pierrot-Fantôme* est malheureusement d'un tiers trop long, et des coupures, qui semblent d'ailleurs toutes tracées, particulièrement dans les premières scènes,
y seraient pratiquées avec avantage et rendraient la pièce plus
alerte et plus vive. Cette observation faite, il faut constater que
l'idée première du livret est ingénieuse, qu'on y trouve un bon
sentiment comique et que quelques scènes sont très-amusantes.
La musique de M. Lionel (un compositeur étranger, qui a pris
un pseudonyme) n'est pas sans quelque inexpérience, surtout en
en ce qui concerne la scène ; mais du moins nous avons affaire ici
à un musicien qui connaît l'harmonie plus que par ouï-dire, et
qui n'est pas sans savoir ce que c'est qu'un orchestre. Sa partition
manque d'unité, elle est un peu trop touffue, et, sous prétexte
qu'il avait à mettre Pierrot en scène, l'auteur a un peu abusé de
la permission de travailler, de moduler et de varier l'air classique :
Au Clair de la lune. Mais il y a dans *Pierrot-Fantôme* quelques jolis
morceaux, entre autres un trio bien conduit, d'un bon effet, et
des couplets vraiment spirituels et bien coupés, placés dans la
bouche de Pierrot.

Je pourrais chicaner M. Vautier sur la façon dont il a compris
et rendu le rôle de Pierrot. Il nous a donné un Pierrot vigoureux,

brutal, matamore, au lieu du roué, délicat, subtil, aimable et sour-
nois, que nous connaissons et qui nous a été légué par la tradition. Si l'on accepte le caractère donné au personnage par M. Vautier, on doit convenir qu'il le joue avec franchise et entrain;
mais, pour ma part, je le trouve complétement faux. La pièce est
d'ailleurs très-convenablement jouée par MM. Géraizer, Lary, et la
toute aimable Mlle Marietti.

(17 juin 1873.)

Nous annoncions dernièrement le succès de *Pierrot-Fantôme,*
opéra en un acte qui a réussi au delà de toute attente sur la
scène de l'Athénée. Le livret est de notre confrère Dubreuil; nous
pouvons dire aujourd'hui le nom du musicien qui se cache sous le
pseudonyme de Lionel.

C'est M. Vercken, administrateur de la compagnie Lille-Valenciennes qui, en dehors de ses occupations financières, est un
musicien de premier ordre.

A. POUGIN.

X. — L'OPINION NATIONALE.

(15 juin 1873.)

Des trois pièces représentées à l'Athénée, il en est une qui mérite qu'on y revienne : le *Pierrot-Fantôme,* de MM. Dubreuil et
Lionel.

Pierrot-Fantôme pouvait être prédestiné à ce rôle surnaturel par
son costume qui, de loin, figure aussi bien le linceul d'un mort
que la livrée d'un Gilles. Pierrot est ici le type sympathique; rappelé à la vie par le contenu d'une fiole magique qu'on verse sur
lui par accident... *Deus ex picturâ,* il contribue à marier par ses
ruses professionnelles deux amants, avant de rentrer dans l'immobilité de son cadre, quand la puissance de l'élixir qui l'a animé
s'est tarie — action un peu sérieuse, mais qui a plus d'intérêt et
d'imprévu qu'on n'en rencontre habituellement dans une farce
musicale.

Pierrot avait droit à jouer ce personnage intelligent et bien venu, depuis que le type a été immortalisé par Debureau, cette souveraine élégance dans la bouffonnerie, ce goût exquis ennoblissant les tréteaux, gardant je ne sais quel parfum de vraie comédie en débauche sous son plâtre à la maréchale. Sa vie fut plus dramatique que le genre qui l'immortalisa. Homicide par imprudence ou plutôt dans le cas de légitime défense, Debureau avait retrouvé, dans les applaudissements effrénés de son public, un écho de l'acquittement du jury, et il est mort à son poste râlant encore le lazzi, illustré par les plus flatteuses sympathies, Ch. Nodier, Champfleury, J. Janin.

La partition de *Pierrot-Fantôme* a aussi des qualités plus élevées que celles qui se retrouvent dans une œuvre de ce genre. M. Lionel, un pseudonyme (modestie bien extraordinaire dans un temps où des noms fastueusement proclamés demeurent des anonymes). a fait surtout applaudir une ouverture originale où la mélodie populaire : *Au Clair de la lune*, est bien employée, un trio bien fait : *Ils ont peur !* et un finale où se rencontre une véritable ampleur.

M. Vautier a été excellent dans le rôle de Pierrot — et comme chanteur et comme acteur, — il s'y est même abstenu de l'exagération qu'on avait pu lui reprocher ailleurs. M. Géraizer est un magicien amusant, moins enchanteur cependant que sa fille, Mlle Marietti.

Paul FOUCHER.

XI. — XIXᵉ SIÈCLE.

(10 juin 1873.)

Dans la dernière émission d'opérettes que vient d'effectuer l'infatigable Athénée, il convient de faire une place à part à un délicieux petit acte qui a nom *Pierrot-Fantôme*. Le sujet fort mince assurément, mais spirituellement traité, a servi de prétexte à une charmante partition fort applaudie. Les couplets de Pierrot, qui ont été bissés, un *trio* excellent, un *quatuor* et un *finale* très-largement traités, ont enlevé le succès et conquis haut la main la faveur des connaisseurs et du public. Le nom modeste de Lionel, dont ce joli petit ouvrage est signé, est évidemment un pseudonyme et doit cacher un musicien distingué : nous ne pousserons pas l'indiscrétion jusqu'à essayer de forcer son incognito, et nous nous garderons d'interroger sur ce point MM. Dubreuil et Stapleaux, qui ont écrit le livret de *Pierrot-Fantôme*.

CHARLES DE LA ROUNAT.

XII. — LA GAZETTE DE FRANCE.

(12 juin 1873.)

La pièce de résistance de la soirée a été un véritable opéra comique, *Pierrot-Fantôme*, qui restera un des meilleurs actes dus à ce théâtre.

Cette fois on avait affaire non-seulement à un musicien rompu à tous les secrets de son art, mais à un véritable livret dramatique. La fable qui sert de thème à *Pierrot-Fantôme* est neuve et originale. Livret dramatique, avons-nous dit : en effet, sous ce titre qui rappelle ceux de la comédie italienne, *Pierrot-Fantôme* est un véritable petit drame dont la mélancolie n'exclut pas la fantaisie comique attendue du spectateur.

Pierrot-Fantôme est conçu dans une gamme toute nouvelle. Au surplus, toutes les considérations théoriques ne valent pas vingt lignes d'analyse. Carline, la jolie Carline, fille du docteur Barnaba, médecin à lunettes et à grande robe noire comme il convient à son rôle, aime Astolphe. Mais le docteur ne veut pas entendre parler de cette union, toujours comme il convient en ces sortes de comédies. En effet, au premier abord, quelle raison sérieuse l'illustre docteur Barnaba a-t-il à faire valoir pour empêcher le bonheur de ces jeunes gens ? Aucune, ou plutôt toutes celles que vous voudrez. C'est justement ce vague adorable, ce manque de précision absolu qui fait le charme de la comédie italienne, la vraie, la *Comedia del arte*, où souvent même jadis les personnages n'avaient même pas de noms, et s'appelaient simplement *l'amoureux*, *l'amoureuse* et le *jaloux*.

Donc, Carline aime Astolphe; mais Trincolo, un jeune grotesque, neveu du podestat de Padoue, — nous sommes dans la ville de feu *Angelo*, — aime Carline. Entre ce docteur absurde et ce Trin-

colo déplorable, la pauvre Carline cherche à qui se confier. A qui ?
au portrait de Pierrot, qui orne le cabinet du docteur, un grand
portrait de grandeur naturelle, ma foi ! un portrait qu'on jurerait
parlant.

— Ah ! mon pauvre Pierrot, si tu n'étais pas mort depuis cent
quarante-trois ans, s'écrie-t-elle, toi si habile à servir les amours
sincères, à déjouer les plans des tuteurs sévères et les persécu-
tions des imbéciles, tu me protégerais et, j'en suis bien sûr, grâce
à toi, j'épouserais Astolphe.

Malheureux Astolphe ! malheureuse Carline ! ils ignorent le projet machiavélique que Trincolo extrait de sa cervelle étroite et
roule dans son justaucorps jaune : Trincolo a commandé au
docteur Barnaba, moyennant la forte somme de cent sequins, une
potion précieuse, dont seule la comédie italienne a le secret.
Cette potion doit endormir le podestat, oncle de Trincolo, pendant vingt-quatre heures, en donnant au sommeil de ce puissant
et non moins grotesque seigneur toutes les apparences de la mort.
Trincolo, qui, à la bêtise du dindon, joint la gredinerie du renard,
profitera des vingt-quatre heures pour emprunter plusieurs mil-
liers de piastres sur la succession ; et quand, ployant sous le poids
de l'or, il reviendra demander à Barnaba la main de Carline, le
docteur n'aura à faire aucune objection.

Le docteur commence la potion, mais il a oublié de mettre son
masque de verre, et le voilà qui s'endort, laissant la mixture
incomplète. Les deux amoureux, Carline et Astolphe, profitent de
l'occasion pour échanger leurs serments et leur désespoir. Dans le
feu de la colère, Astolphe saisit au hasard la fiole préparée par le
docteur, et la lance contre le mur. Le verre se brise sur le portrait
de Pierrot. O surprise ! le portrait s'anime, Pierrot sourit ; ce n'est
plus le portrait, c'est Pierrot lui-même qui descend de son cadre,
et, charmant, léger, gai, ressuscité, tel que l'a créé la légende,
vient offrir ses services à son libérateur.

On devine la suite :

> Ce n'est pas un sot
> Que Monsieur Pierrot !

comme chante le spirituel compère. Le bonheur d'Astolphe et de
Carline est en bonnes mains. Un mariage à faire, un sot à duper,
Pierrot est dans son élément. Au lieu de la drogue commandée,
Trincolo, grâce à Pierrot, administre à son oncle le podestat la
potion *qui fait rire*. Et voilà le podestat lui-même, en costume
orange, qui, averti par Pierrot, averti par Barnaba, enveloppé
dans un quiproquo insensé, condamne le docteur à être pendu.

Barnaba ne s'en tire qu'en consentant au mariage de Carline et d'Astolphe, condition expresse posée par ce podestat exhilarant. Tout le monde, sauf Trincolo, est donc heureux; mais tout à coup Pierrot chancelle : ses jambes fléchissent. Cette vie qu'il a reçue est une vie factice, limitée à quelques heures.

La nuit de l'éternité va de nouveau le ressaisir. Sa voix s'éteint, sa tête devient rigide, et soutenu par Astolphe et par Carline en larmes, Pierrot, après avoir fait deux heureux, redevient le portrait inanimé que le hasard a fait un instant revivre.

Pierrot-Fantôme n'est pas une œuvre ordinaire; le libretto, œuvre de M. Dubreuil, est aussi original que spirituel. Le compositeur, M. V.., pardon! Lionel, un millionnaire, dit-on, ce qui ne gâte rien à l'affaire, a prouvé que la fortune n'a jamais été un obstacle au talent. La partition de *Pierrot-Fantôme* est très-personnelle; le travail n'en exclut pas l'inspiration, chaque scène musicale y est traitée avec un esprit, une intelligence rares; chaque morceau a bien le caractère qu'il doit avoir. A l'apparition de Pierrot, la mélodie prend une allure fantastique qui captive, et quand Pierrot rentre dans son cadre, la mélodie de l'accompagnement a quelque chose qui attendrit et qui déchire. Il faut citer l'ouverture, dont l'*allegro*, sur des variations du *Clair de la lune*, est un petit chef-d'œuvre; les couplets de Carline, le duo des amoureux qui se rattache au trio avec Pierrot; enfin les couplets de Pierrot déjà indiqués et le finale. *Pierrot-Fantôme* nous a révélé un bon musicien de plus.

Mlle Marietti est très-agréable sous les traits de Carline ; elle a chanté son rôle avec goût et délicatesse. Cette jeune artiste fait des progrès sensibles. Lary en Trincolo est fort drôle : les rôles comiques sont décidément son véritable domaine. Lefebvre, insuffisant dans la *Fanchonnette*, est un ténorino sympathique et agréable pour les rôles moins chargés de musique. Quant à Vautier, qu'en dire? La création de Pierrot demeurera une des meilleures de l'excellent artiste : quelle fantaisie! quelle verve! Vautier aujourd'hui est hors de pair, et sa place est marquée à l'Opéra-Comique. Son succès a été grand et mérité.

S_{IMON} BOUBÉE.

XIII. — LE TEMPS.

(17 juin 1873.)

Le théâtre de l'Athénée a donné trois ouvrages nouveaux, formant un spectacle coupé, mais dont un seul a quelque valeur; c'est *Pierrot-Fantôme*. L'action se passe à Padoue, chez un alchimiste, le docteur Barnaba, qui ne se contente pas de faire de l'or potable, car il a tout un arsenal de fioles, rangées par ordre et contenant des narcotiques, des calmants et des poisons; puis dans un petit coin un élixir ayant la merveilleuse propriété de provoquer la gaieté la plus folle. La manie du docteur c'est de ne pas vouloir entendre parler de mariage pour sa fille Carline, qui n'a d'autre consolation que d'épousseter un tableau représentant Pierrot, de grandeur naturelle.

Trincolo, neveu du podestat, vient demander à Barnaba un soporifique capable de provoquer une léthargie de trois jours; il veut en faire usage sur son oncle, afin de le faire passer pour mort et d'emprunter mille sequins sur l'héritage. Le docteur promet le narcotique et se met à le composer; mais, malgré ses précautions, l'odeur des plantes vénéneuses le plonge lui-même dans le sommeil.

Astolphe, l'amoureux de Carline, irrité de voir le docteur plus occupé de ses drogues que du bonheur de sa fille, jette la fiole; celle-ci, par un heureux hasard, tombe sur Pierrot, et comme l'opération n'a pas été achevée, le liquide, par un mystère de l'alchimie, possède des propriétés contraires à celles qu'il devait avoir. Ici commence l'intérêt véritable de l'action; les scènes précédentes auraient dû être abrégées.

Pierrot remue ses membres comme pour les dégourdir; il sort de son cadre, mais il n'a pas, comme la Galathée de Pygmalion, à faire l'apprentissage de la vie. Quoique immobile depuis plus de cent soixante ans, il a tout vu et tout entendu; il promet à sa protectrice d'employer le peu d'heures pour lesquelles il a recouvré la vie à obtenir le consentement du docteur au mariage désiré. Il remet à Trincolo une fiole contenant, non pas un narcotique, mais la potion qui fait rire. Le docteur, qui s'est réveillé, s'imagine que Pierrot a donné du poison; il se croit perdu et s'empresse d'appeler le podestat pour lui faire des aveux; mais la potion finit par agir, jusqu'à ce qu'un calmant arrête la gaieté convulsive du magistrat. Pierrot a profité de l'imbroglio pour faire signer au po-

destal un ordre obligeant Barnaba à marier Carline et Astolphe;
puis il sent la vie lui échapper et finit par remonter dans son cadre pour reprendre son immobilité. Cette dernière scène est très-
longue; l'agonie n'a rien de comique.

En entendant l'ouverture débuter par un motif qui rappelle la
résurrection des nonnes dans *Robert le Diable*, je croyais y voir une
intention, mais je me suis aperçu par la suite que ce motif est celui de
la marche des archers. Après la marche vient une mélodie, reprise
plus tard par Pierrot; la dernière partie de l'ouverture comprend
les développements de l'air : « *Au clair de la lune.* » Si M. Lionel
(dont le vrai nom est M. Vercken) a voulu prouver qu'il a fait de
bonnes études d'harmonie et de contre-point, il a réussi; autre-
ment je ne vois pas ce que la mélodie de Lulli vient faire là, non
plus que dans les morceaux de chant, car elle reparaît à plusieurs
occasions; elle fait notamment les frais d'une grande partie du trio.
Tout au plus aurait-on pu la rappeler quand le podestat demande
à Pierrot la plume pour écrire; en ce cas, ce n'eût été qu'une plai-
santerie fort anodine. En général, la musique se distingue plutôt
par certaines qualités de facture que par l'invention; l'auteur ne
semble guère se tenir en garde contre les réminiscences. Il montre cependant un sentiment assez juste de l'expression sérieuse ou
comique.

Vautier n'est pas un Pierrot selon la tradition, mais peu importe. C'est un Pierrot plein de vie et tout joyeux d'employer sa
courte délivrance à faire une bonne œuvre et à mystifier un vieux
maniaque. Il a un sentiment si juste de la diction, qu'on ne perd
pas une parole; c'est peut-être grâce à lui que ses couplets ont
semblé le meilleur morceau de la partition. Seulement dans *Pierrot*
il manque trop les effets, et, dans les sons soutenus, sa voix devient tremblotante. Il ne faut pas qu'il en prenne l'habitude.

J. WEBER.

XIV. — REVUE & GAZETTE DES THÉATRES.

(8 juin 1873.)

Pierrot-Fantôme est un opéra comique en un acte, mais l'impor-
tance de la partition et le développement heureux du livret en
font la pièce principale de la soirée. Nos sympathiques confrères,
MM. Dubreuil et Stapleaux, ont évoqué pour un moment la comé-

die italienne, si fertile en ruses de toute sorte, et ils ont su rame-
ner sur les lèvres modernes le bon rire d'autrefois.

La scène se passe à Padoue, chez le docteur Barnaba, l'homme
le plus grotesque et le plus savant du monde, l'éternel fabricant
d'élixirs doués de propriétés merveilleuses. Le docteur a une
nièce, la charmante Carline, qui se met souvent à la fenêtre, ce qui
attire une foule de soupirants. Deux rivaux principaux se trouvent
en présence. Un jeune fat, Trincolo, neveu du podestat Bambolini, et
un amoureux séduisant, le bel Astolphe, qui a toutes les préfé-
rences de Carline. Trincolo, repoussé par la belle, forme le projet de l'enlever. Pour cela il faut de l'argent. Trincolo va trouver
le docteur et lui demande un soporifique violent qu'il fera boire à
son oncle, afin de le faire passer pour mort et de pouvoir emprunter sur son héritage. Mais le docteur, interrompu dans son opération
magique, s'endort lui-même en respirant son philtre. Astolphe
arrive, se fâche contre la science qui le sépare de Carline, et dans
sa colère brise une fiole consacrée sur un portrait de Pierrot, qui
décore l'appartement. Effet merveilleux, Pierrot s'anime. Pierrot
vit, Pierrot parle. Il offre ses services aux amoureux.

Quand Trincolo revient chercher sa potion, Pierrot lui en donne
une autre qui a le don de faire rire. Le docteur Barnaba, réveillé,
croit que Pierrot a donné un poison à la place d'un soporifique. Il
court se jeter aux pieds du podestat, qui éclate de rire en apprenant
qu'il est empoisonné, et qui signe tout en riant l'ordre de pendre
Barnaba, s'il ne marie par Astolphe et Carline. Comme dernier
dénouement, le philtre qui avait rendu la vie à Pierrot perd peu à
peu sa vertu, et Pierrot reprend dans son cadre son immobilité première.

La musique brodée sur ce canevas fantastique est charmante.
Nous citerons, parmi les bijoux de la partition, le duo : « Poëmes
des premières amours »; la chanson de Pierrot ; le grand trio, variations sur l'air connu de l'ami Pierrot; la romance de Carline.

Tous ces morceaux sont d'une bonne facture et d'un sentiment
naturel.

M. Vautier excelle dans les personnages de comédie italienne. Il
a trouvé hier un pendant à son rôle de Polichinelle. Mlle Marietti
est la plus jolie fille de Padoue assurément; à chaque pièce nouvelle elle accuse de nouveaux progrès dans sa méthode. Géraizer,
Galabert, Lefebvre, Lary et Vinchon remplissent fort gaiement les
autres personnages.

XV. — LE MONDE ARTISTE.

(14-21 juin 1873.)

Tout autre est *Pierrot-Fantôme*, de MM. Ernest Dubreuil et Léopold Stapleaux, qui nous ont présenté une pièce amusante, gaie, ingénieuse, bien faite et rondement menée. Sur ce petit chapitre à ajouter à la comédie italienne, M. Lionel a écrit de la véritable musique, un peu grosse et chargée en harmonie, dont le seul tort est de manquer de la légèreté et de la finesse que comportait le livret. M. Lionel a fait de la musique d'opéra là ou il fallait de la musique bouffe et surtout extrêmement gaie. Mais on n'en peut vouloir à un auteur de n'avoir point le tempérament tourné à la gaieté ; il n'en reste pas moins acquis que M. Lionel est un véritable musicien, très-bien doué, élevé à bonne école et qui connaît admirablement les ressources de l'art auquel il s'est adonné. Son orchestration est riche et colorée, et la pensée musicale est toujours lucide, claire et distinguée. Je crois ce musicien appelé à réussir dans le genre de l'opéra comique ou de demi-caractère ; mais il doit renoncer à faire rire en musique ses personnages et à communiquer leur gaieté au public.

Pierrot-Fantôme est très-bien joué par Vautier, un Pierrot de fantaisie, un peu trop déniaisé, mais plus alerte et plein d'entrain ; par Géraizer, qui s'est composé une bonne tête de Cassandre apothicaire, et par la charmante Mlle Marietti. MM. Lefebvre et Lary sont simplement convenables.

C. DE BLAINVILLE.

XVI. — LA FRANCE.

(8 juin 1873.)

Pierrot-Fantôme, de MM. Ernest Dubreuil et Léopold Stapleaux, est un ouvrage beaucoup plus important. Le livret a réussi sans conteste.

La musique de M. Lionel — un nouveau venu — a fait un vif plaisir, nuancé, je l'avouerai, d'un peu d'étonnement. On ne s'attendait pas à trouver dans un débutant une facture si solide, une telle habileté de main, une entente si réelle de la scène.

Pour l'instrumentation, elle dénote les études les plus sérieuses, et le travail de l'orchestre, quoique très-soigné, ne couvre jamais le développement de l'idée mélodique, toujours franche et de bon aloi.

Trois morceaux de cette partition très-chargée m'ont paru vraiment dignes d'éloges sans restriction : un trio, un terzetto et le finale dont on ne remarque pas la longueur, tant il est bien conduit et bien en scène.

C'est un grand succès pour M. Lionel et qui doit l'encourager.

L'interprétation de *Pierrot-Fantôme* est excellente et les auteurs ne sauraient trop remercier MM. Géraizer, chanteur et comédien de la bonne école ; Lefebvre, Lary et Galabert. M. Vautier a joué et chanté Pierrot en artiste de premier ordre. On n'a ni plus d'esprit ni plus de feu. Toujours en scène, prompt à la riposte, l'œil vif, la main preste, gai sans trivialité, échauffant tout de sa verve endiablée et menant la pièce avec la furie de Figaro. Mlle Marietti, qui se peut consoler d'être toujours appelée *jolie* parce qu'elle a du talent, a prêté au personnage de Carline et sa grâce et son charme ordinaires.

P. DU CROISY.

XVII. — PARIS-GAZETTE.

(16 juin 1873.)

Le livret de *Pierrot-Fantôme* est dû à la collaboration de deux de nos confrères, MM. Dubreuil et Stapleaux. La donnée en est très-ingénieuse, et sauf quelques longueurs, principalement dans les premières scènes et que les auteurs feront sans doute disparaître, la pièce est très-intéressante, très-mouvementée et se prête bien aux développements de la musique. L'intrigue n'est pas facile à expliquer, non pas qu'elle manque de clarté, mais elle est chargée d'incidents nombreux et elle est toute en action. ce qui, du reste, fait l'éloge de la pièce.

L'*imbroglio* se passe dans le laboratoire de Barnaba, alchimiste?... magicien?... en tout cas un singulier personnage, qui possède le secret de philtres merveilleux donnant les apparences de la vie ou de la mort, et qui possède aussi une fille, la gentille Carline, qui adore Astolphe et qui a une tendresse toute particulière pour le portrait de Pierrot, qui orne le laboratoire de son père. Naturellement Barnaba, au grand désespoir de Carline, ne veut pas entendre parler d'Astolphe, mais il se prête, moyennant une somme de cent sequins, aux fantaisies scélérates du jeune Trincolo, le neveu du podestat, qui voudrait, par l'effet du philtre, faire croire à la mort de son oncle afin de se refaire un peu de crédit. Inopinément interrompu dans la confection de son breuvage magique, Barnabé est lui-même victime de son œuvre démoniaque et tombe dans un sommeil léthargique. Au même moment survient Astolphe à la recherche de sa chère Carline. Il apprend par elle que Barnaba est inflexible dans sa résolution de s'opposer au mariage de sa fille. Fou de rage, Astolphe prend machinalement une fiole qui se trouve sous sa main et la lance dans le vide. C'est justement la fiole qui contient la préparation inachevée de Barnaba, et qui, dans cet état, a pour vertu de donner la vie. La fiole se brise sur le portrait de Pierrot. Aussitôt la figure s'anime, l'œil s'ouvre, les membres s'agitent, et Pierrot, bien vivant, sort de son cadre. Dans sa reconnaissance pour celui qui l'a rendu pendant quelques heures à l'existence, car l'effet du philtre est de courte durée, il s'engage à lui faire épouser Carline. Après une série de scènes vives et amusantes où il se trouve successivement aux prises avec Barnaba, Trincolo et le podestat, Pierrot arrive à ses fins. Mais à peine a-t-il assuré le bonheur de ses jeunes protégés que la vertu vivifiante du philtre perd peu à peu sa puissance. Pierrot sent la vie factice qui l'animait depuis quelques instants se retirer lentement de lui, il rentre dans son cadre et retourne à l'immobilité de l'image incorporelle qui le représente fidèlement.

M. Lionel a écrit sur ce joli livret une charmante partition, et, malgré quelques imperfections, son début au théâtre est heureux et promet pour l'avenir. L'œuvre de M. Lionel est purement écrite, suffisamment orchestrée, et si l'on peut lui reprocher quelques inégalités de style, on y trouve en revanche un sentiment scénique souvent très-juste et déjà très-exercé.

Parmi les morceaux de la partition qui nous ont paru les mieux réussis, nous citerons la partie de l'ouverture, où le musicien a fort habilement développé le thème : *Au clair de la lune,* l'air de Carline, le trio, les couplets de Pierrot et le finale.

M. Vautier, l'heureux interprète de *M. Polichinelle,* avait été tout naturellement chargé du rôle de Pierrot. Malgré l'incontestable talent avec lequel il a composé et joué son personnage, nous le préférons dans ses rôles antérieurs : celui de *Polichinelle* et celui de la *Guzla de l'Emir.*

M. Lefebvre fait de sensibles progrès sous le rapport du jeu. Il sera bientôt un des bons ténors d'opéra comique. Quant à **MM.** Géraizer, Lary et Galabert, ils sont on ne peut plus amusants dans les personnages de Barnaba, de Trincolo et du podestat.

Mlle Marietti s'est montrée, dans le rôle de Carline comme dans tous les rôles qu'elle a créés jusqu'à présent, gracieuse et charmante.

J.-B. DE CONINCK.

XVIII. — LA PATRIE.

(9 juin 1873.)

Pierrot-Fantôme est venu secouer la somnolence qui paraissait régner dans la salle. Le livret de MM. Dubreuil et Stapleaux est gai, amusant, vivement mené, et offre au compositeur de piquantes situations dont celui-ci a souvent su profiter. Mais l'opéra eût gagné à être mis en deux actes.

DE THÉMINES.

XIX. — LE SIÈCLE.

(10 juin 1873.)

Pierrot-Fantôme est un véritable opéra comique. Nous sommes à Padoue, dans le laboratoire du docteur Barnaba, qui a trouvé des élixirs pour tous les usages, et aussi, je le suppose, une eau pour faire pousser les sourcils, car le docteur en possède une paire comme il n'y en a pas. Barnaba trouve le mariage une institution superflue, et il chante à sa fille Carline les douceurs de la chimie et du célibat. Carline n'a aucun goût pour les drogues, et a beaucoup de goût pour le mariage, au contraire. Elle fait ses confidences à un tableau qui représente un Pierrot enfariné de grandeur naturelle. Quand tant de jeunes filles s'adressent à toutes les saintes du Paradis, Carline a pris pour patron ce héros du théâtre forain. Et c'est en effet Pierrot qui la mariera suivant son cœur au bel Astolphe. Celui-ci a un rival du nom de Trincolo. Trincolo forme le projet d'enlever la sémillante Carline, et pour ne pas se trouver gêné par la police, il prend le parti de la faire dormir. Moyennant cent sequins, le docteur Barnaba lui fournira un soporifique destiné au podestat Bambolini, dont Trincolo est le neveu.

Malheureusement Barnaba, en préparant sa potion, s'endort le premier, ce qui permet au préféré de Mademoiselle Carline de se présenter à elle et de lui baiser la main. Mais la fille du docteur ne lui donne aucun espoir et Astolphe, dans son dépit, prend une fiole et la lance au hasard. Elle va se briser sur le portrait de Pierrot qui soudain s'anime, descend de son cadre et remercie celui qui vient de lui donner la vie... pour quelques heures seulement, hélas ! En effet, la liqueur répandue avait la propriété d'animer momentanément les images. Par reconnaissance Pierrot mariera les deux amants. Au lieu d'une drogue soporifique, il fait boire au podestat une eau merveilleuse qui donne de la gaieté au plus sérieux. Barnaba croit que le flacon envoyé à Bambolini contient du poison, et il confesse au podestat cette déplorable méprise. Celui-ci pense qu'il va mourir ; mais, la liqueur faisant son effet, c'est en riant à cœur-joie qu'il dicte à son neveu ses dernières volontés. Tout finit pour le mieux, personne ne meurt, et les amoureux sont unis. Pierrot sent la vie lui échapper; mais, avant de retourner dans son cadre, il exprime son bonheur d'avoir été utile en ce monde en faisant des heureux.

Telle est cette pièce très-réussie, qu'on pourrait alléger par quelques coupures de détail. Elle est signée par MM. Dubreuil et Stapleaux.

La partition est l'œuvre d'un musicien belge qui n'en est point à son coup d'essai. Pourquoi s'est-il caché sous le pseudonyme de Lionel ? Si nous avions une critique à adresser à ce compositeur, de beaucoup de talent assurément, c'est d'avoir, hors de place ici, employé les formules et le style de la musique héroïque allemande.

Pierrot-Fantôme est fort bien monté. M. Vautier chante et joue remarquablement le rôle important de Pierrot. Mlle Marietti y est charmante et Géraizer est un amusant Barnaba. Ah ! si tous les droguistes et pharmaciens avaient, je ne dis pas son talent de chimiste, mais seulement ses sourcils, combien ils seraient plus gais qu'ils ne sont généralement. Galabert, Lefebvre et Lary complètent cet ensemble.

Oscar COMETTANT.

XX. — LE NATIONAL.

(9 juin 1873.)

Une des choses qui affligent le plus Paris poëte, flâneur et fantaisiste, c'est d'avoir perdu son ami Pierrot, dont il aimait à la folie le sourire ingénu et sérieux et la face de clair de lune. M. Ernest Dubreuil a eu pitié de ce juste regret, et toutefois, comprenant bien qu'au prix où sont les terrains, il n'est pas possible de rebâtir une maison pour Pierrot, — du moins, par un aimable tour de magie, il a animé pour une heure un Pierrot peint qui descend de son cadre, et qui, mêlé aux scènes les plus folles et et les plus spirituelles avec Barnaba, Bambolini, Astolfo, Trincolo et Carline, marie, en fin de compte, les deux amants, avec la musique la plus amusante du monde, après quoi il remonte philosophiquement dans son cadre, devinant que, par ce temps de pièces en habit noir, il n'y a plus de place pour la fantaisie poétique. Vautier est un délicieux Pierrot à deux faces, malin et balourd, et il a donné un pendant à son Polichinelle dans *Pierrot-Fantôme*.

THÉODORE DE BANVILLE.

XXI. — GALIGNANI'S MESSENGER.

(11 juin 1873.)

Not fewer than three musical pieces have been produced here, but the chief success was for *Pierrot-Fantôme*, a gay little farce by MM. Dubreuil and Stapleaux, music by Lionnel. Dr. Barnaba, a sort of Italian physician, skilful in the art of composing love-potions, has a pretty daughter, named Carline, the admirers of whom he takes eare to keep at a distance. The poor girl, who adores Astolfe, has no other confidant than the portrait of Pierrot, which adorns her father's laboratory. But in comes the nephew of the Podesta, a young scapegrace called Trincolo, to beg the learned doctor to make for him a draught which shall give for two or three days a lethargic sleep like death. The other at first refuses, but Trincolo insists, telling him that the potion is intended for one of his friends, who wishes to test his mistress, and to see, before marrying her, if she will lament his death sufficiently. A hundred sequins will be given to calm the scruples of Barnaba. But this last happening to take off his mask whilst making up the draught, undergoes the full effect of " the poppy and mandregora, and all the drowsy syrups " of the potion, and falls fast asleep. Astolfe, happening to come in, finds him so, and calls Carline, who tells him that her father will never permit their union. The lover, in a movement of anger, seizes a phial lying under his hand, and hurls it violently against the wall; it breaks to pieces against the portrait of Pierrot, and, O wonder ! the pale figure becomes animated, the eye sparkles, the mouth smiles, one leg is thrust out of the canvas, the other follows, and Pierrot, in flesh and blood, comes to salute his liberator. The spectator is given to understand that the Doctor not having been able to pronounce the magical words, the philtre, which was to have produced sleep, has now the contrary quality, that of reviving and giving life. The bottle containing it was the one that Astolfe dashed against the picture. The rest of the piece is mainly taken up with the tricks of Pierrot to bring about the marriage of the youthful pair, in which he succeeds, and then his mission being terminated, he returns sadly to his frame, in bidding a last farewell to those whose happiness he has secured. The plot is a tissue of extravagancies but amusingly tagged together. The musicis really attractive, and Vautier, as Pierrot, and Mlle Marietti, as Carline, sang it with great taste and expression.

XXII. — LE MONDE ILLUSTRÉ.

(14 juin 1873.)

Pierrot-Fantôme !... Voilà un titre qui répand à une lieue un fumet de vieille comédie italienne. Nous en avons même été affecté au point de partir à la chasse au plagiat. Mais hâtons-nous de dire que nous sommes revenu bredouille, n'ayant rien trouvé à travers nos vieux recueils qui ressemblât à la pièce en question.

Et d'ailleurs, le mal n'eût pas été grand; les auteurs dramatiques de toutes les époques ont vécu sur un fonds commun d'idées qu'ils se sont légué de génération en génération. Peut-être même n'y a-t-il qu'une comédie au monde; de telle sorte que c'est un droit dès longtemps acquis de la recommencer. Croyez qu'on ne s'en gêne pas; et on fait bien, à la condition toutefois d'en renouveler la forme et les agréments.

La seule bonne prise que nous ayons faite pour nous payer de nos recherches, c'est le nom du premier Pierrot qui parut sur un théâtre. Il s'appelait Jareton.

On lit à ce propos dans les *Annales dramatiques :* « Pierrot prit naissance sur le théâtre de Paris et servit à remplacer le rôle de l'Arlequin ignorant et balourd dont il adopta le caractère, lorsque Dominique (vers la fin du dix-septième siècle), pour complaire à la nation qui aime l'esprit partout, eut mis dans son personnage les pointes et les saillies dont il fit un si heureux usage. Un nommé Jareton fut le premier qui se chargea du rôle de Pierrot. Il en composa l'habit sur celui de Pulcinella (qu'il importe de ne pas confondre avec Polichinelle), et s'en étant fort bien acquitté, ce caractère, qui manquait au théâtre, y resta depuis et passa même ensuite sur celui de l'Opéra-Comique. »

La scène de *Pierrot-Fantôme* se passe à Padoue, chez le docteur Barnaba. Ce savant, d'ailleurs parfaitement stupide, destine au seigneur Trincolo sa fille Carline, laquelle voudrait épouser le seigneur Astolphe.

Jusque-là, rien que d'ordinaire. Mais où commence la surprise et l'amusement, c'est à l'apparition fantastique de l'ombre de Pierrot, qui, jusqu'à la fin de la pièce, va se mêler de cette intrigue d'amour, faisant l'office de bon génie et ne rentrant dans son néant qu'après avoir marié Carline et Astolphe.

Or, ce bienfaisant fantôme n'est autre que le portrait de Pierrot, qui sous l'influence d'un philtre est descendu de son cadre. On l'a vu d'abord donner quelques signes de vie sur la toile où le peintre l'avait fixé ; puis s'animer tout à fait et faire des gestes étonnés comme s'il sortait d'un long sommeil ; enfin, prendre un corps, marcher, parler, rire jusqu'au moment où, sa mission terminée, il redevient tableau, et va s'aplatir dans l'étroit espace réservé entre une toile tendue et une couche de vernis.

On ne saurait renouveler plus gentiment le miracle mythologique de Galathée. Le rôle de Pierrot est d'ailleurs tenu d'une façon remarquable par un jeune acteur du nom de Vautier, comédien né, et qui conduit déjà en musicien sa voix de baryton grave. Il ferait merveille dans *le Chalet* ou dans *le Caïd*, il y remplacerait feu Hermann-Léon, qui sans avoir jamais été un grand chanteur, faisait beaucoup d'effet à coups d'intelligence.

La partition de *Pierrot-Fantôme* a du mérite, et beaucoup. Cependant elle décèle chez son auteur des qualités de symphoniste plutôt que de compositeur dramatique. L'orchestre y est traité avec une science réelle, et qui n'exclut pas la clarté.

Les parties vocales sont bien écrites aussi; mais, et cela vient encore à l'appui de notre remarque, l'auteur ne donne aux voix leur maximum d'effet que lorsqu'il en fait chanter plusieurs simultanément. Ainsi ses soli sont en général assez pâles et froids (je n'en excepte même pas les couplets que chante Mlle Marietti avec sa gentillesse ordinaire); mais ses ensembles ont une vigueur, une verve, une coloration peu communes. Par exemple, le trio placé vers le milieu de la partition et le finale sont des morceaux brillants, et si on peut le dire, faits d'une pâte très-solide.

Les connaisseurs ont noté encore la façon habile dont le motif *Au clair de la lune* court tout le long de l'œuvre, passant de la scène à l'orchestre, tantôt franchement énoncé, tantôt ne s'accusant que sous forme de réminiscence lointaine, et le plus souvent traité dans le style fugué. C'est encore là un jeu de symphoniste.

En définitive, le compositeur belge qui a écrit *Pierrot-Fantôme* (sans vouloir y mettre sa signature) est un musicien de valeur, ce que nous avons cherché à lui prouver en lui tenant rigueur sur ses défauts.

ALBERT DE LASALLE.

XXIII. — LE GUIDE MUSICAL.

(Juin 1873.)

Il y a dans le poëme une donnée ingénieuse et quelques situations vraiment comiques, et dans la musique deux ou trois morceaux distingués et heureux : un joli duo, un trio bien construit et bien venu, et des couplets charmants.

P.-S. — Au moment de fermer ma lettre, j'apprends que M. Lionel, l'auteur de *Pierrot-Fantôme*, est fort loin d'être inconnu du *Guide* et de ses lecteurs. Son véritable nom est Léon Vercken, et il s'est déjà fait jouer sous ce pseudonyme artistique de Lionel, à Anvers, où il a donné un opéra en deux actes, *la Légende du Diable;* aux Galeries Saint-Hubert, où il a fait représenter une opérette intitulée : *A la Mer.* Il avait en répétition à la Monnaie, il y a deux ans, un ouvrage intitulé : *le Chemin de Venise,* paroles de M. Stapleaux, dont M. Lhérie et Mlle Fidès Devriès devaient remplir les deux rôles principaux, et qui fut arrêté par le départ de M. Vachot. Il a publié ici, chez Choudens, un certain nombre de mélodies, et l'année dernière il faisait la critique musicale d'un journal parisien, *l'Éclair*, qui n'eut qu'une courte existence. Enfin, il fut, vous le savez mieux que moi, pendant plusieurs années, le correspondant du *Guide*, à Anvers. J'ai tenu néanmoins, dans l'intérêt de vos lecteurs, à grouper ici ces quelques renseignements.

ARTHUR POUGIN.

XXIV. — VERT-VERT.

(15 juin 1873.)

La pièce la plus sérieuse de la soirée, due à la plume de deux écrivains qui n'en sont plus à leurs débuts, a été un vrai succès autant pour les auteurs que pour les acteurs. Nous voulons parler du *Pierrot-Fantôme*.

Barnaba est un vieux docteur de Padoue, père d'une jeune et jolie fille aimée de deux seigneurs, dont un, Astolphe, est le préféré.

La belle Carline, qui ne peut avouer à son père son amour, a pris pour confident de ses peines le portrait d'un Pierrot dont elle a grand soin. Le rival d'Astolphe, un nommé Trincolo, vient trouver le docteur afin de lui commander une liqueur destinée à endormir son oncle, le podestat Bambolini, ce qui lui permettra d'enlever la jolie Carline sans éveiller la justice.

Barnaba, en faisant la potion, s'endort; ce qui permet à Astolphe de venir trouver Carline et de lui exprimer son amour. Apercevant le flacon dont il ne manquait plus que les paroles sacramentelles, il le lance contre le portrait, et le Pierrot se détache du cadre. Pour remercier son sauveur, il lui fera épouser sa chère Carline. Trincolo revient chercher sa fameuse liqueur; Pierrot lui en remet une autre qui a le don de faire rire.

Lorsque Barnaba se réveille, il aperçoit Pierrot qui fait le niais et se dit envoyé par un confrère en qualité de domestique. Bambolini, en passant, monte chez Barnaba; celui-ci lui apprend que Pierrot a remis une autre fiole que celle à lui destinée, et qu'il veut le faire pendre. C'est alors que la liqueur agit et que Bambolini commence à rire aux éclats. Pierrot profite de ce moment pour faire signer au podestat la promesse de mariage d'Astolphe avec Carline, puis donne à Bambolini un réactif. Lorsque le podestat revient à la raison, il voit ce qu'il a signé au lieu de l'ordre de pendaison; mais il n'y a plus à revenir sur ce qui est fait.

Pierrot, qui n'est revenu à la vie que pour quelques instants, redevient ce qu'il était et rentre dans son cadre.

C'est sur cette charmante donnée que les auteurs ont trouvé de vraies situations musicales que le compositeur, M. Lionel, a encore embellies par des airs aussi originaux que bien écrits. Citons entre autres le trio : *Chut ! Chut !* et un air de Pierrot qui a été bissé.

C'est donc un succès de plus à ajouter à ceux que nous avons applaudis à l'Athénée et qui tiendra l'affiche jusqu'à la clôture de la saison.

M. Vautier, qui a le principal rôle, celui de Pierrot, s'en est acquitté en comédien et en chanteur. Mlle Marietti est une très-gracieuse Carline. Nommons aussi Géraizer, Galabert, Lefebvre et Lary, qui ont obtenu leur part d'applaudissements dans cette pièce.

XXV. — LE BIEN PUBLIC.

(17 juin 1873.)

Pierrot-Fantôme, tel est son titre, est dû à la collaboration de deux hommes d'esprit, MM. Dubreuil et Stapleaux. Cette pièce, dans le genre bouffe italien, écrite en vers, est fort amusante et comique sans trivialités. L'idée est originale et bien présentée. M. Dubreuil est lui-même musicien et sait quelles sont les conditions nécessaires à un bon livret d'opéra. Le sien, très-heureusement inventé et écrit, réussit près du public autant qu'il avait bien servi l'inspiration du musicien.

Celui-ci a cru dissimuler son nom sous un pseudonyme. En vérité c'est par trop de modestie. Serait-ce donc un crime d'écrire une jolie partition ?

Celle de M. Lionel a de la vivacité; elle est scénique et souvent mélodique. La forme en est soignée et trahit bien plutôt la main d'un musicien que celle d'un amateur. La collaboration des auteurs du livret et de la musique commence sur un succès, et nous nous en réjouissons comme d'une heureuse promesse pour l'avenir.

Pierrot a trouvé une heureuse incarnation dans la personne de M. Vautier, un comédien de beaucoup de talent.

Guy de CHARNACÉ.

XXVI. — LE TINTAMARRE.

(15 juin 1873.)

Si vous voulez, nous ne parlerons que du *Pierrot-Fantôme*.

Ce petit opéra comique est vraiment fort amusant. Le livret de MM. Dubreuil et Stapleaux témoigne d'un certain soin, et la musique de M. Lionel fourmille de jolis motifs que j'aurais voulu citer, n'était le peu de place dont je dispose.

M. Vautier est un Pierrot excellent et Mlle Marietti une charmante Carline.

Georges MESSINE.

XXVII. — LE MESSAGER DE PARIS.

(8 juin 1873.)

A l'Athénée, le *Pierrot-Fantôme* de MM. Dubreuil et Stapleaux a pleinement réussi. Le livret renferme une idée originale, dont les auteurs ont su tirer des situations du meilleur comique ; elles ont heureusement inspiré le compositeur, M. Lionel. Nous avons surtout remarqué un trio, un quatuor et le finale. Cette dernière page est extrêmement réussie et dénote un tempérament que l'on ne rencontre pas toujours chez les musiciens amateurs. On a pu s'en convaincre le même soir. — M. Vautier joue Pierrot ; le fantôme enfariné n'a rien à envier à *Monsieur Polichinelle*.

Eugène TASSIN.

XXVIII. — LE SOLEIL.

(10 juin 1873.)

Trois pièces nouvelles viennent d'être données à l'Athénée. La semaine est trop remplie pour que je puisse entrer dans le détail de cette représentation. En attendant que j'y revienne, je signalerai l'une d'entre elles, *Pierrot-Fantôme*, comme ayant obtenu un franc et légitime succès. Le livret de MM. Dubreuil et Stapleaux rentre dans le domaine de la bonne et joyeuse fantaisie à l'italienne; et la musique, vive, alerte et gaie, accompagne avec esprit et rondeur cette amusante donnée. Les interprètes, et particulièrement M. Vautier, se mettent au ton de toute cette belle humeur.

XXIX. — LA PETITE PRESSE.

(10 juin 1873.)

Pierrot-Fantôme, de MM. Ernest Dubreuil et Léopold Stapleaux, est un ouvrage beaucoup plus important. Le livret a réussi sans conteste. La musique de M. Lionel a obtenu un franc succès. C'est l'histoire fantastique d'un pierrot que l'on voit d'abord en peinture, chez un vieil alchimiste, et qui descend de son cadre juste le temps nécessaire pour faire le mariage de deux amoureux. La musique est agréable et bien faite, et dénote une entente réelle de la scène. Le travail de l'orchestre, quoique très-soigné, ne couvre jamais le développement de l'idée mélodique, toujours franche et de bon aloi.

Trois morceaux, de cette partition très-chargée, m'ont paru vraiment dignes d'éloges sans restriction : un trio, un terzetto et le finale dont on ne remarque pas la longueur, tant il est bien conduit et bien en scène.

La pièce est fort bien interprétée par MM. Géraizer, Lefebvre, Lary, Galabert et Vautier. Mlle Marietti a prêté toute sa grâce, tout son talent et toute sa verve à Carline.

XXX. — L'ASSEMBLÉE NATIONALE.

(10 juin 1873.)

De ces trois ouvrages, un seul a du mérite : c'est *Pierrot-Fantôme*, dont le compositeur, que l'on a nommé Lionel, est un amateur belge, bon musicien, sachant écrire et l'ayant prouvé. Cette partition est peut-être un peu touffue : les variations ou dérivations de l'air « au *Clair de la lune* » sont peut-être un peu prétentieuses et surtout trop répétées; mais il y a du moins dans cet ouvrage un tempérament de symphoniste, et c'est déjà beaucoup.

TH. DE LAJARTE.

XXXI. — L'INDÉPENDANCE BELGE.

(17 juin 1873.)

Empiétons un peu sur le domaine de la chronique musicale, en enregistrant le succès d'un de nos compatriotes au théâtre de l'Athénée de Paris. Il s'agit d'un opéra comique intitulé : *Pierrot-Fantôme*. Le compositeur n'a livré au public que ce pseudonyme bien connu des amateurs : Lionel. Ce compositeur, qui a réussi au théâtre de l'Athénée de Paris, et qui réussira, nous l'espérons, au théâtre de la Monnaie de Bruxelles, c'est notre compatriote M. Léon Vercken, un musicien élégant et un esprit distingué.

GUSTAVE FRÉDÉRIX.

XXXII. — LE GRELOT.

(15 juin 1873.)

Grand succès à l'Athénée, avec le *Pierrot-Fantôme*, de MM. Ernest Dubreuil et Stapleaux, musique de M. Lionel.

La pièce, très-vive et très-bien menée, est un spirituel écho de la vieille comédie italienne.

La musique est charmante, mélodique, claire, bien en scène et des plus remarquables comme instrumentation.

Début qui fait le plus grand honneur au musicien.

Pierrot-Fantôme est joué à merveille par M. Vautier, un excellent artiste, doué d'une voix superbe et qui, depuis longtemps déjà, devrait être à l'Opéra-Comique.

Mes compliments à Mlle Marietti, ainsi qu'à MM. Géraizer, Lary, Lefebvre et Galabert.

PUCK.

XXXIII. — L'ÉCHO DU NORD.

(11 juin 1873.)

Nos confrères de Paris parlent avec éloge en ce moment d'un opéra-comique qui vient d'être joué au théâtre lyrique de l'Athénée, et qui a remporté un brillant succès : *Pierrot-Fantôme.*

Nous apprenons que l'auteur de cet opéra est M. Vercken, qui était, en 1870, le représentant de la Compagnie de Lille-Valenciennes, à Lille, et qui a composé pour l'inauguration de cette ligne une *Marche inaugurale* très-remarquée.

Les nombreux amis que M. Vercken a laissés à Lille ne seront pas étonnés d'apprendre ce nouveau triomphe musical, car ils se rappellent que l'honorable administrateur est un musicien de premier ordre.

IMPRIMERIE J. SEMICHON, 28, FAUBOURG MONTMARTRE

PARIS

IMPRIMERIE J. SEMICHON, 28, FAUBOURG MONTMARTRE

PARIS

www.ingramcontent.com/pod-product-compliance
Lightning Source LLC
LaVergne TN
LVHW020005180726
843503LV00008B/3802